HAIKU Fett

Herstellung und Verlag:
BoD – Books on Demand, Norderstedt
ISBN 978-3-8482-2455-5

Herbert Gerke

HAIKU Fett

...
für Joschua Merlin, Melino Antonius
und Melanie ...
ihr wisst, dass ich euch liebe!
...

Vorwort

Ich wurde geboren. Relativ schnell.

Bei diesem Vorgang gab es nichts Auffälliges.
Aber ich merkte schon nach wenigen Wochen, dass ich
dieses seltsame Gen in mir hatte, welches mich stets
dazu veranlasste, bei allem, was ich dachte, die Silben
mitzuzählen.
Zumindest kam es mir so vor. Ich konnte tatsächlich
noch gar nicht zählen.

Irgendwann begann ich zu sprechen, und so zählte ich
nicht nur die Silben der gedachten Worte, sondern auch
die der gesprochenen.

Das seltsame Gen jedoch konnte ich nicht benennen.
Mir fehlte das dazugehörige Wort.

Es war das H IQ. Später stellte sich heraus, dass es Haiku
war.

Aber was ist Haiku?

Große Wissende, vielleicht besser "alte" Wissende haben sich unendlich oft darüber Gedanken gemacht. Ihrer Ansicht nach ist das japanische Kurzgedicht folgendes:

Bei Haiku handelt es sich um Kurzgedichte, die einer Jahrhunderte bestehenden japanischen Tradition entstammen. Diese Lyrikart wurde aus Gemeinschaftsdichtungen mehrerer Teilnehmer, quasi als Teamwork abgeleitet.

Ursprünglich bestanden die japanischen Haiku aus jeweils drei Teilen mit 5, 7 und wiederum 5 Silben oder korrekt Moren.
In ähnlicher Weise wurde in Europa verfahren, als dort die Haiku-Dichtung an Bekanntheit gewann.

Das krampfhafte Festhalten an abgezählten Silben hat dazu geführt, dass jeder, der überhaupt zählen kann, heutzutage meint, er schreibe Haiku. Das ist selbstverständlich Blödsinn und hat mit guter Kurzlyrik nichts zu tun. Überdies sind Silben in unserem Sprachraum in keiner Weise mit japanischer Wortstrukturierung vergleichbar. Moderne, aufgeschlossene Haiku-Dichter werfen derartige Regeln permanent über Bord.
Gleiches gilt für die inhaltlichen Dogmen, die beispielsweise mit dem Vorhängeschloss des Jahreszeitenwortes die dichterische Freiheit einzukerkern versuchen.

Wirklich wichtig stattdessen sind klare, konkrete Aussagen und ein realer Bezug zum Heute.

Außerdem sollen Haiku offen bleiben, damit die Leser aus ihrer Phantasie heraus Bilder erzeugen oder vervollständigen können. Daher ist oft die Interpretation des Dichters irrelevant angesichts verschiedenster Haiku-Erlebnisse der fremden Betrachter. Entstehen diese Außenbilder so spricht man von - möglicherweise einem geglückten - Nachhall, dem angestrebten Haiku-Moment.

Dabei möchte ich es belassen. Tanka, Haiga, Renku und all die anderen mögen es mir verzeihen - du, liebe Leserin, lieber Leser, magst es vielleicht nachschlagen oder einfach nur im Stillen genießen.

Übrigens: Zum Thema Copyright
Ich bin ein großzügiger Mensch.
Sollte also jemand daran interessiert sein, Auszüge aus diesem Buch irgendwo zu veröffentlichen, so möge er mich einfach fragen. Man erreicht mich ganz leicht.
Für Liebesbriefe oder als Geschenk für ein Kind dürft ihr die Texte überall und jederzeit verwenden.

Für alle Mitdichter und kreativen Leser:

Auf jeder Seite dieses Buches ist genug Platz, um die eigenen Gedanken, den Nachhall, wenn der denn entstanden ist, zu notieren.
Ich freue mich über jede Zusendung solcher Ergebnisse.

34 Grad.
Gedanken versinken
im Teer.

Abenddämmerung.
Der Name noch immer
im 10-Tage-Planer

Abendlicher Sturm.
Im Terrarium verzieht
sich die Schildkröte

Achtsprung des Kiesels:
Bewegung wird Berührung
bis zum Untergang.

Adoptionsabsage.
In der Weißdornhecke
singt ein Vogel.

„African hodgepodge"
Die hellen Fußsohlen des
schwarzen Jesus

Ähren im Wind.
Zwei Alte auf der
Schaukelbank
halten Händchen.

Allein im Fahrstuhl
Unerträgliche Enge
gefüllt mit Poison

Am Grab der Eltern
giftgeködert aufgebläht
zwei Rattenkinder

Am Grablicht
das Rascheln einer
Fastfood-Tüte

Am Haken
des Krans
der Vollmond

An seinem Kreuz liegt
auf einem Haufen Trödel
der Sohn zum Verkauf

Auf dem Stoppelfeld
liegen, schauen, ein Kreuz
sein –
mein Himmel, mein Film

Aufwachraum.
Durch den Vorhang linst
die Morgensonne.

Aus dem Ährenmeer
lugt ein Jungfuchs.
Lärm der Schnellstraße.

Aus einer Woche
nur dieser Moment:
Schrei des Zickleins.

Ausgestreckte Hand –
Warten bis der Nebel
spürbar wird.

Außerhalb der Station:
Onkologen schwärmen
von
Kohlrouladen.

Baumarkt: Angebot
Silikonpistole –
sie greift sich an die Brust

Beim Rasenmähen
den Playmobilmann
geköpft.
Mein Sohn

Beim Sitzen
der Wunsch, zu stehen.
Die Alte im Spital.

Beim Umzug anders
ausgerichtet der alte Staub

Bergsee…
ein Eisvogel durchfliegt
die Sonne.

Bestellpostkarte –
besonders bemüht um die
Marke mit Leuchtturm

Bibel
auf dem Grabbeltisch
Mängelexemplar

Biopsie.
Morgengrauen und ein
Mückenschwarm
auf dem Weg ins Licht.

Biss in die Sonne.
Unstillbarer Hunger
der Monsterwolke.

„Bist du groß geworden"
Erstes Wiedersehen
beim CT

Blau ist der Himmel.
Für den Kleinen stets
die gleiche Farbe.

Blumen kaufen!
Sie hat
die Diagnose.

Bröckelnder Stein der
Hattorfer Textilfabrik…
ein Hund markiert rot.

Das Blumengeschäft:
hinter ´m Tresen die
Chefin
mit Veilchen

Das Baumhaus von einst,
bevölkern noch immer
Eintagsfliegen

the old tree house
still populated
by day flies

Das Hundegrab
jetzt Grund und Boden
für den Sandkasten

Das Kind haucht sein
Lachen.
Welten auf Glas entstehen.
Und verschwinden.

Das Kind
spinnt sich einen Albtraum
für die Schule

Das Kind
in trockenen Tüchern
Opa noch draußen

Das Kind
unter der Blütendecke
von Panzern umrahmt

Das Knirschen des
Schnees
unter den wärmenden
Stiefeln
ein streunendes Blatt

Das Morgenlicht
stellt wieder einen Tag
auf Anfang

Das Seminar
„Leben mit dem Krebs"
fällt aus

Das Summen durchbricht
des Kleinen Frage nach
den
Insekten: „Lesben?"

Den Marmorkuchen
in den Sand gesetzt –
krank schon
der Bäcker seit Mai

Der Arm des Kaisers:
Eine Startrampe
dem jungen Falken

Der Clown ist `ne Wolke
Worte sinken auf kahle
Kinderköpfe

Der Fisch verschwindet.
Dort, wo er war,
Wasser

Der Fluss
fängt mein Gesicht,
wirft es zurück

Der Geigenbogen
ficht einen ungleichen
Kampf aus
mit den Grillen

Der Müde
angezogen von der Nacht
sucht nach Licht

Der Regenbogen
berührt den
Aquaplaningkanal

Der Schrei des Clowns
durchbricht die Quadratur
des Kreises

Die Alte drüben
schnell den Morgen
übergeworfen
noch knapper der Gruß

Die Alte feiert
den 60sten im Kreise
ihrer Fotos

Die alte Kirche
zum Renovieren geräumt
Gott jetzt ein Bagger

Die Entenmutter
über den See mit den
Kleinen
im Herbststurm

Die fröhlichen Augen
des Kindes und doch
die Sonne fortgezaubert.

Die gibt es noch?
Am Kaugummiautomaten
paar Frühlingskäfer

Die grüne Spinne
ein Artist im Fahrtwind –
zwei Beine halten.

Die tote Fliege –
mein letzter Schlag vor
dem Alleinsein.

Die Warteschlange
Neue Hoffnungen
drängeln sich vor

Die Zeit verflogen:
Kindergartenschnuppertag.
Nicht an der Hand gehn

diesig.
der Himmel des Nachbarn
gefällt mir nicht.

Dorfstraße in Blau –
ein Mädchen wärmt sich
am Feuer

Drei Marienkäfer
auf einem Blatt –
Termine checken

Drüben am Wald
ducken sich Kätzchen
unter den Regen

Dunkelheit.
Ein einziges Wort
wirft sich ins Licht.

Ehestreit.
In der Küche kochen
die Linsen über.

Ein Aufkleber
auf dem ausgebrannten
Wrack
"KAMPFSCHULE "

the sticker
on a burnt out wreck
"fight school"

Ein Brief
von Vaters Anwalt.
Falsch frankiert.

Ein Buch von Freud
liest mich…
Tränen auf Papier.

Ein Fuß zertritt
den Himmel. Regenwolken
rieseln aus der Pfütze.

Ein wenig Pfeffer
aus der Mühle – aufgefüllt
noch vor der Trennung

Eine Herbstnacht lang
nichts anderes tun als
sie zudecken

Eine Mauer…
Pinke Steine sorgsam
um das Grab gelegt

Eine Scheibe See
ans Ufer geworfen
vom schnittigen Ski

Eine Tasse
auf dem Boden zerschellt
Omas Grab besuchen

Eisregen.
Ich prüfe die Duschmatte.

Ende des Regens:
Ihr Haar riecht
nach Minze

Erdbeereisroute:
Waffel, Finger, Schuh.
Sie trägt kurzes Neongelb.

Erde im Fenster –
aus der Spielzeugrakete
winkt ein Fußballer

Erfrischt!
Die Kühle des Baches
klärt ihr Bild.

Erster Flug.
Eine einzelne Feder
über dem Prüfling.

Erwachender See –
mit den Nebeln steigt
Laichkraut
an den Spiegelrand

Fiel ganz sacht ab
letzte Nacht, liegt nun
auf der Terrasse

Filigraner Regen –
ein Falter schlingert
vor meinen Augen

Fotoschachtel –
unter `m Deckel der
Geruch
von Bolzplatzerde

Früh morgens
mit Schokoherz
die Milch

Frühe Dämmerung.
Mein Schatten schlägt
den Kragen hoch.

Gebrochenes Bein
des
Schokoweihnachtsmanns:
der Schock sitzt tief im
Hasen

Gegenüberstellung:
Er vergleicht sein Leben
mit der Erinnerung

Gespräch der Frauen
unter Jesus am Kreuz
die schlechten Nieren

Gewitterluft –
träge heben und senken
sich
die Rabenflügel

Gewitterregen.
Der Wochenmarkt
löst sich auf.

Gier nach Neuem.
Im Abflussrohr
ein Kätzchen.

Glasscherben –
in einem Blutstropfen
die Abendsonne

broken glass –
evening sun
in a drop of blood

Grille auf dem Buch:
Sitzt da und schützt den
Mörder
vor der Entlarvung.

Großstadtnacht –
mein Schatten
allein im Nebel

Der Frosch ist ein beinahe mystisches Tier in der Haiku-Dichtung.

Einer der bekanntesten, alten Haijin, wie man die Dichter nennt, hat dazu das wohl berühmteste Haiku überhaupt geschrieben. In diesem plumpst ein Frosch ins Wasser und verursacht einen Ton.

Generationen von Haiku-Begeisterten haben sich jahrhundertelang Gedanken darüber gemacht, welch großartiger Nachhall in diesem kleinen Text zu stecken scheint.

Mittlerweile ist der Frosch tot.

Ich finde, die Wichtigkeit eines solchen Haiku ist ebenfalls dahin. Zumindest sollte man derartige Urschleimtierchen der Dichtkunst nicht überbewerten. Junge Enten haben da mehr drauf als die rustikalen Kröten der Unterwelt.

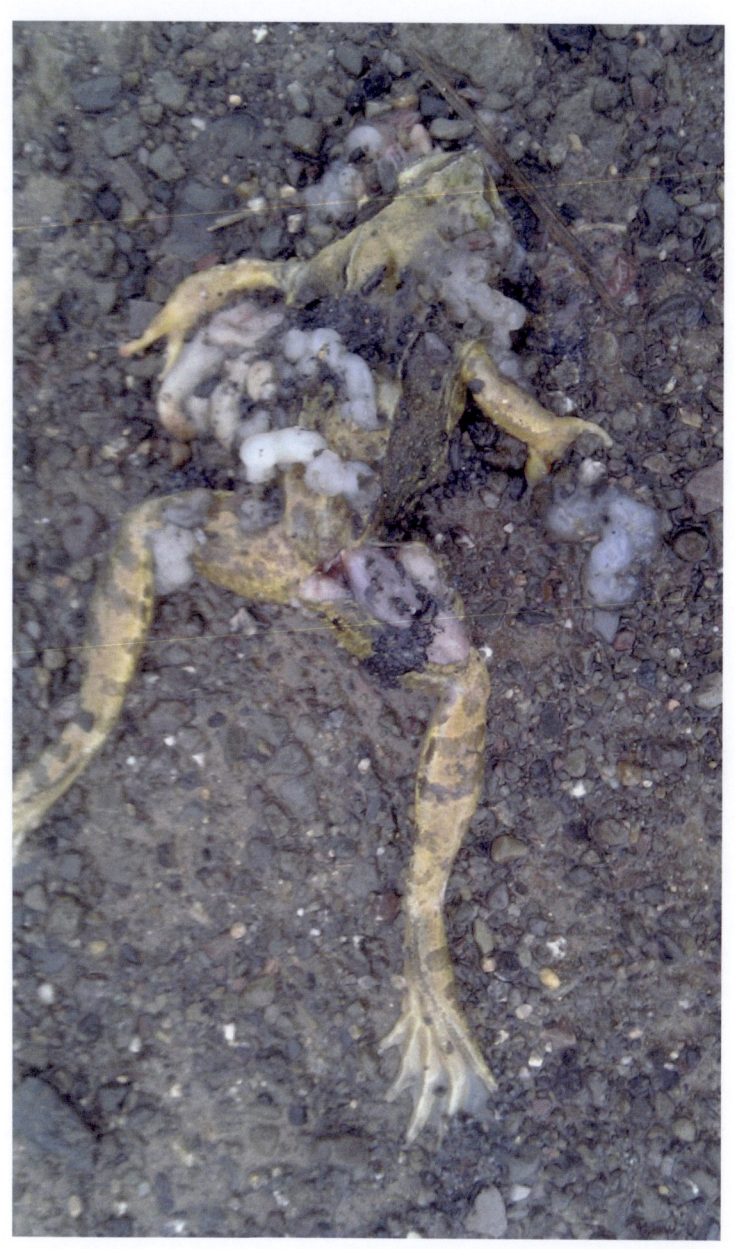

Grüßt einer freundlich.
Der mit dem schwarzen
Hund und
dem Iro.

Haikuschreiber –
aus dem Kamin springt ein
glühender Punkt

Handvoll Körner
für den Singvogel –
Stück für Stück durch die
Gitter

Hätt' ich nicht den Wind
ich wäre ein Splitter tief
in ihrem Auge

Hemingways Schreibtisch
in Key West – über dem
Schilf
flatternde Enten

Herbstabend.
Über den verdorrten Ast
hängend ein Drache.

Herbsttag -
der Wind trägt
Geigenmusik

Herzblatt.
Im Wind treibend
eine Erinnerung.

Hoffnungsvoll lächeln.
Das Mädchen quält Käfer.
Handyabstinenz.

Honigduft.
Im toten Baumstumpf
ein Stofftaschentuch.

„Ich verzeihe dir"
Worte einer fremden Frau
im Supermarkt.

Ich wäre gern - so hübsch
gewesen wie - der Mann
dort am See

Ihre Schürze
fester gebunden –
im Fenster erster Schnee

Im Augenwinkel
entsetzt – Nachbars
Gesicht
hinter der Gardine

Im Haupthaus Licht.
An meinem Fenster
spielen
Fliegen mit dem Mond.

Im Hausflur
Schwere Stille
Schwer ihr Duft

Im Licht zerbrochen
die Farbe des Zorns
auf ihrem Gesicht

Im Lichtgewitter
des Jahrmarktkarussells
ein bunter Hund

Im Nebel

Rauchzeichen

Im Schatten des Baums
ihr längst begrabener
Traum
zwangsversteigert.

Im Wartezimmer
die Lächelnde steigt
langsam von der Wand.

Im Zwinkern
strahlen die Sterne
wie Sterne

In den Brunnen
gelangt
ein wenig Licht

In der Mitte
des Kreises der tanzenden
Mädchen – ein Mädchen

In der Regentonne
lauert bei den
Ringeltierchen
die Kinderschaufel.

In der Schublade
vergilbte Briefe und
der Zeiger einer Uhr

In die Haut gedrückt
die Enge beim Gewitter –
Seite an Seite

In Gedanken
schreite ich die Räume ab
meines Elternhauses

In Marias Arm
ihr Kind, das warme Licht
scheint
auch dem Zuhälter

In Vaters Sessel
eine Münze.
Nicht mehr im Umlauf.

In Wellen
die Zeit
geht durch die Haut

Jeder Tag
krümmt ihren Rücken.
Nachts macht sie sich
grade.

Keine Antwort!
Das Kind fragt nach der
Farbe
des Tsunami...

Kind im Gewitter.
Pfeifen gegen
Laserschwert und Pauke.

Kindermond –
im Sandkasten
glitzert der Wagen

Kirschblüten
die der Sommer serviert
und dampfender Teer

Kirschblütensturm –
der kleine Badegast
breitet die Arme aus

Knirschender Schnee.
Etwas näher kommen
dem warmen Licht.

Knöpfe
am schwarzen
Ledermantel
kalt

Kraft des Windes
treibt voran
die gesichtslosen Mäntel

Krankenhaustermin.
Die Blumen am Eingang
verlieren die Farbe.

Kriechspur der Schnecke
auf der Verkleidung
der Radarfalle.

Kummer und Glück.
Warum bist du so zu mir,
Schokosahnetorte?

Lange her: als Kind
Arm nach oben gestreckt.
Ihre Bettlägerigkeit.

Längst gefällt
quält er den Fluss noch
mit seiner Last.

Lautes Gegrunze
nächtens in meinem
Garten –
wie der Hintern juckt

Lean Manufacturing –
die Frau der Stanze
mit Hungerblick

Liebesrausch –
das Flackern im Kopf
des Kürbismannes

Mal im Frühling, mal
bei Ostwind – heute fragt
sie
nach ihrem Bein.

Maul des Fisches
wird Turbine
den Himmel zu kreuzen

Mein Tal der Bäume
von Oliven umgeben
Vielaugengespräch

Mensch an Mensch
Ein Bettler wirft seinen
Zorn
vor ihre Füße

Mit Verbeugung
reckt sich die Ameise
dem Stiefel entgegen

Mitten im Sturm
blähen sich die
Argumente auf

Mond
an den Hauptmast geheftet
allein mit dem Wind

Monster unterm Bett.
Die Tränen sind echt auch
im blassblauen Licht.

Morgenbad.
Die Feldmaus zwischen
Steinen –
rücklings, atemlos.

Morgenmond.
Im Kinderzimmer verteilt
Autos und Stille.

Morgensonne.
Fetzen von Nebel
in meiner Tasse.

Morphiumdosis.
Um die heiße Lampe
der Nachtfalter.

Morgenvisite!
Nebenan
weint jemand.

morning ward round –
next door
someone is crying

Nach dem Schreiben
trotz Seife etliche
schwarze Flecken

Nach schlafloser Nacht
barfuß im Garten –
toter Nestflüchter

Nach dem Streit
die Tastatur traktieren:
Strg Z

Nach dem Streit
die Blicke des Kleinen

Nachtwanderung.
Spucktest du mir auf den
Kopf,
Stern?

Nacktbadestrand.
Wespen verscheuchen
vom Nudelsalat.

Nackt im Nebel
rennend – plötzlich jemand
nackt im Nebel

Naked in the fog
running – suddenly
someone
naked in the fog.

Nasskaltes Gespräch
am Gartenzaun; vermisse
die alte Jacke

Nebel steigen auf
und aus Morgenbildern
fliehen die Farben

Nebel über Eis.
Er vergleicht sein Leben
mit
Erinnerungen.

Nebels Tal.
Bäume atmen ihre
Schatten aus.

Neue Kollektion!
Die Särge vom letzten Jahr
Auslaufmodelle

Neujahrswunsch –
am zweiten Geburtstag
ihre Augen sehn

Notiz am Kühlschrank:
Öl bestellen und
Vaters Grab besuchen!

notice at the fridge:
order some fuel oil and
visit
fathers grave!

nur ein Splitter
hat sich kaum gewehrt
der alte Baum

Ohne Flügel
der Vogel am Boden
verharrt gespannt

Partnertausch.
Die Rosen verblüht.
Es hält sich das Grün.

Pilzgeruch und Moder.
Sie spricht von ihrer
Kindheit
außerhalb des Stuhls.

Rasierter Schädel
vor dem
Braunglascontainer.
Pulle Bier – auch braun!

shaved bonce
in front of the brown glass
container.
a bottle of beer – also
brown!

Regen am Morgen.
Auf festen Sohlen
barfuß.

Regentag.
Die Fische im Teich
fangen Glasperlen.

Reifer Birnenarsch
wippt vom Bett ins
Morgenlicht
auf dem Slip Rosen

Reihenhaus in Mayfair.
Die Gardinen haben
aufgehört
zu schreien.

Reiseantritt -
kaum etwas trägt er mit
sich
doch wiegt so schwer

Sangesbrüder.
Im Mond am vereisten
Geäst
Katze und Spatz.

Schiffswrack auf
Sandbank.
Die Möwenkolonie brütet
was aus.

Schlafenszeit.
Unter unter der Decke
sammeln sich Monster.

Schlussdiagnose.
Das Nicken des Pflegers
am Fahrstuhl.

Schon zehn.
Blick ins Kinderzimmer.
Ein Sonnenstrahl.

Schwere Erde
die Kraft der Schritte
verebbt
nahe der Heimat

Selbst der Apfel schrumpft
im Aufenthaltsraum
der Seniorenresidenz

Singend im Sturm
lenkt der Reiter sein Pferd
auf den Weg des Echos

So wenig Lächeln
in den vielen Gesichtern –
Treibholz auf dem Fluss

Sommerschlussverkauf
Opa erzählt den Enkeln
vom Krieg

Sonnenspiegelei.
Perlen auf ihren Brüsten
ein Bilderrätsel.

Spiegelreflex.
Das Kind folgt nicht mehr
der Mutter.

Sprühregen –
die Gestalt am Waldrand
bin ich.

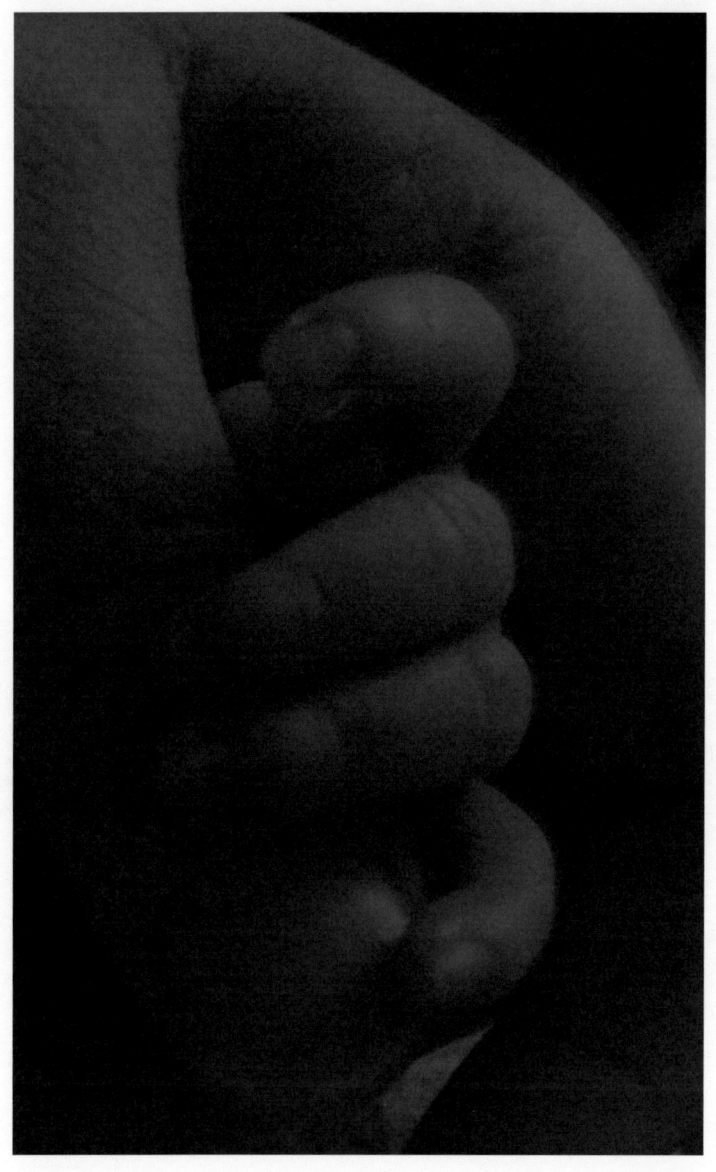

soviele Kreuze
Wege im Wind
sich verlierend

Spätsommer.
Eine Betschwester lüftet
die Satinbetten.

Kalte Nacht
Stattfinden einer
Begegnung
Ein Hauch Mondlicht

Sternschnuppe.
Oma schweift ab.
Wirklich, ja wirklich!

Still werden.
Atmen.
Hand in Hand mit der
Brandung.

Stille Wege
hinter Dornenbüschen
Atemwolken

Stoppelfeld.
Im Wind versteckt
ein Gummistiefel.

Straßenfest.
An der Friedhofsmauer
Katzenschmaus.

Therapiesitzung.
Die Bäume draußen
werfen
ihre Blätter ab.

Tiefflugengel –
mit den Hüften fragt sie
Interesse ab

Tosende Wellen –
das Zittern der Steine
unter den Füßen

Über Schneekrusten
flattert ein Kalenderblatt
aus dem letzten Jahr

Umrisse
mit Fäden beklebt
„Papa, sieh doch"

Umzug.
Die Näpfe für den Hund
jetzt
auf der Terrasse.

Unter der Dusche
ihre Tränen vermischt
mit grünen Oliven

Verdorbene Wurst.
Abfalleimer aus Ghana
schließt mit Schwung.

Voll meiner Demut
pellt er sich
aus dem Raupenmantel

Vom Mittagstisch auf Deck
das Fischmesser
gestohlen

Von Fratz zu Fratz
ein Lachen. Der Clown
verlangt nach Mehr.

Vor der Bäckerei
pickt der Star an einem
Stück
Papier

Während der Ebbe
schreien die Möwen
anders

Waldeinsamkeit
Mein Atem zieht mich
ins Zwielicht

Wallenstein zieht ein!
Im Obergeschoss trampeln
Kinderfüße.

Warten bis das Meer
aus wogendem Roggen
den Hund freigibt

Wie Tags zuvor
auf regennasser Straße
der Prediger

Warteschlange
frische Hoffnung
drängelt sich vor

Reihenuntersuchung
sprudelnde Neugier
hüpft nach vorn

Wind in den Bäumen
wie reuiges Getreide
beugt sich das Rauschen

Stillschweigend
trotzt sie
wem auch immer

Winterstille –
neues Passwort
„Serotonin"

Winterstille –
am Grund des Sees sitzen
wir
uns gegenüber

Wintertanz.
Die Schneekugel
im Schleudergang.

Wirbelsturm Elsa!
Sie zieht nach
… mit Eyeliner

Wolke und Rabe
schweben durch
meinen Zauberhimmel

Wolkenrennen.
Ein Stück Himmel fangen
mit den Haaren.

Wütendes Schlagen
mit der Kinderschaufel
auf das Hundegrab.

Zartes Hellblau
durchflossen vom
Sonnenstrom –
lauerndes Insekt

Zicke!
Wie sie mir auf den Arsch
schaut –
Unerhört …

Ziegenväter – acht
lustige Könige auf
die Wiese scheißend

Zögern.
Auf dem Grab
die wilde Blume.

Zungenpiercing.
In High Heels Silhouette
aus Stahl.

Zurück in der Zeit.
Mit den Kindern des
Nachbarn
Stichlinge keschern.

Zusammengerollt.
Die Pfoten unter dem Kopf.
Am Seitenstreifen.

Zwischen mir
und mir
ich

Zwischendurch
zur Papstmesse.
Irgendwer ruft.

Jemand erzählte,
dass einer erzählt hat,
ich hätte erzählt

Empfehlung:

Solltet ihr Interesse oder sogar Spaß haben am Haiku-Schreiben, so lasst unbedingt die Finger von Foren im Netz, die Kompetenz und Werkstattflair versprechen.

Entweder diese sind so schlecht, dass ihr nichts lernen könnt, oder ihr trefft auf verkrustete, eingeschworene Klübchen, die echte Innovation, frische Ideen und leichtsinnige Unbekümmertheit mit allen Mitteln zu verhindern suchen.
Eines der bekanntesten Foren ist hier sogar das schlimmste.

Geht stattdessen selbst auf die Suche nach "echten" Seelenverwandten der kurzen und knappen Dichtkunst.
Wendet euch an Autoren, die wissen, wovon sie reden und schreiben. Schaut auch mal nach, ob in eurer Straße, eurem Dorf, eurer Stadt, eurem Viertel etwas Derartiges existiert wie Spaßzirkel, kleine Dichterkreise, Gruppen von Schülern, Berufstätigen, Rentnern oder alles gemischt, die die Sache weniger ernst nehmen. Dann bleibt der Spaß nicht auf der Strecke.

Notfalls dürft ihr auch mich fragen.

Ich wünsche euch dabei viel Erfolg und Freude.

Herbert Gerke